LA FESTE DE MIRSA,

BALLET-PANTOMIME,

De la composition de M. GARDEL,
Maître des Ballets du ROI,

REPRESENTEE
POUR LA PREMIERE FOIS
SUR LE THEATRE
DE L'ACADÉMIE-ROYALE
DE MUSIQUE,
Le Jeudi 22 Février 1781.

Prix 24 sols.

A PARIS,
De l'Imprimerie de P. DE LORMEL, Imprimeur
de l'Académie-Royale de Musique, rue du Foin S.
Jacques, à Sainte-Genevieve.

On trouvera des Exemplaires audit Spectacle.

M. DCC. LXXXI.
Avec Approbation & Permission.

PERSONNAGES.

MONDOR, *Gouverneur*, M. Dauberval.

Mde MONDOR,   Mlle Dorlay.

MIRSA,   Mlle Guimard.

LINDOR,   M. Nivelon.

CHEF *des Sauvages*,   M. Gardel, j.

LA FEMME *du Chef des Sauvages*,   Mlle Heynel.

UN GRAND-PRESTRE *Sauvage*,   M. Henry.

FRANÇAIS, *Chantants.*

Mrs Moreau, Duquénoi, Tirot.

Mlles Gavaudan, Joinville.

CHASSEURS & AMAZONES.

M[rs] Le Doux, Abraham, Barré, Caster, la Haye, Clerget, Guillet, c., le Breton.

Mlles Henriette, Efther, Bernard, la Croix, Courtois, l., Gibaffier, la Cofte, de Pereffe.

SAUVAGES.

Mrs HUART, LAURENT.

Mrs Simonet, le Bel, Hennequin, c.,
Coindé, la Rue, Hennequin, l., Largilliere,
Guingret.

Mlles GERVAIS, COULON.

Mlles Saulnier, Bigotini, Auguſte,
Courtois, c., Darcy, Thiery, Desgravelles,
Neuville.

INDIENS & INDIENNES.

M. NIVELON.

Mlle GUIMARD.

*Les mémes Perſonnages que les Chaſſeurs &
Amazones.*

QUADRILLES POUR LE BAL.

SCANDINAVES.

Mrs GARDEL, l., FAVRE.
Mlles THEODORE, DORIVAL.

ECOSSAIS.

Mrs HUART, VICTOR.
Mlles COULON, CREPEAU.

ANGLAIS.

Mrs MALTER, LAURENT.
Mlles GERVAIS, CARRÉ.

TROUPES FRANÇAISES.

MAJOR,	M. Gardel, 1.
OFFICIERS *de Grenadiers*,	Mrs. Dangui. Tupti.
LIEUTENANT,	M. Le Roi, 1er.
PORTE - ENSEIGNE,	M. Duchesne.

Tambours.

Grenadiers.

Soldats.

Negres.

Muficiens.

JONGLEUR *Sauvage*, M. Carbonnel.

LA FESTE

DE MIRSA,

BALLET - PANTOMIME.

****

ACTE PREMIER.

****

Le Théâtre représente le Vestibule du Gouvernement : une Table à l'Angloise, sur laquelle est un dejeuner, en occupe le milieu ; plusieurs chaises sont rangées autour.

MONDOR entre avec sa femme. Il donne des ordres aux Negres qui le suivent ; dès qu'il apperçoit sa fille,

A

il fait retirer tout son monde ; Mirsa, suivie des Dames qui doivent chasser avec elle, court embrasser son pere & sa mere ; ensuite elle se met à table, & déjeune avec sa compagnie : Mondor verse le thé.

Plusieurs Officiers paroissent avec Lindor en habit de chasse, Mondor les engage à presser le départ, afin que les travaux de la fête puissent être achevés pour le soir.

Lindor excite les Chasseurs & les Chasseresses à profiter du beau tems ; Mirsa se léve ainsi que ses compagnons, & l'on prend congé de Mondor, qui embrasse sa fille & son gendre ; Mondor reste seul.

Il se félicite d'être libre, il appelle ses gens, & fait ouvrir les portes du Vestibule : on voit passer des corbeilles de fleurs, des guirlandes, des couronnes & des décorations que l'on porte au jardin ; il tire de sa poche une chanson, qu'il achéve avec enthousiasme.

Madame Mondor revient , & fait voir à fon Epoux l'habit de fête qu'on a préparé pour Mirfa ; il fait appeller un de fes Muficiens, & commence à répéter avec fa femme la *mariée* , qu'ils doivent danfer le foir ; plufieurs ouvriers viennent chercher Mondor qui les fuit après avoir donné fes ordres. Sa femme fort en même-temps que lui.

A ij

ACTE II.

Le Théâtre change, & repréſente le Rivage de l'Iſle Cataracoui, dont les côtés ſont couverts d'arbres. On y voit une Montagne, dans laqu'elle pluſieurs ouvertures indiquent des antres profonds : elle eſt terminée par un rocher battu des vagues, au-deſſus deſquelles ſa cime avance conſidérablement, on apperçoit au-delà du détroit, & ſur l'autre bord, les fortifications du Fort Fontenac.

LE Grand-Prêtre, le Chef des Sauvages, ſa femme & une foule de Sauvages des deux ſexes arrivent & ſe placent pour rendre hommage au Soleil qui paroît ſur l'horiſon ; ils font retentir l'air du ſon de leurs inſtrumens, & forment des danſes pour célébrer le Dieu qu'ils adorent.

On entend une Musique Militaire qui s'approche insensiblement, & l'on voit des barques qui voguent vers l'Isle; le Chef des Sauvages ordonne aux femmes de se cacher dans les antres, & gravit avec précipitation jusqu'au sommet de la montagne d'où il s'enfonce dans les Bois avec sa troupe.

Les chalouppes abordent, on débarque, Lindor ordonne à ses Soldats de se tenir à quelque distance de l'Isle, afin d'éviter toute surprise ; les Chasseurs préparent leurs armes & entrent dans la Forêt où Mirsa les suit.

A peine les a-t'on perdu de vûe, que les Sauvages reparaissent & méditent d'enlever les femmes qui accompagnent les Chasseurs ; ils descendent en tumulte de la montagne, & se dispercent pour exécuter leur projet; leur Chef apperçoit un Bracelet à terre, c'est celui de Mirsa qu'elle a laissé tomber en débarquant ; il s'en saisit, & s'en fait une parure en l'attachant à son collier.

On entend un bruit de Chasse qui s'approche, & s'éloigne alternativement : Mirsa qui s'est égarée, revient se reposer sur un lit de gazon, & veut y contempler le Portrait de Lindor ; elle voit que son bracelet vient de se rompre ; au desespoir de cette perte, elle se léve toute troublée dans le dessein de le chercher.

Le Chef des Sauvages s'avance, l'envie de la saisir s'empare de lui ; mais voyant sa crainte, il cherche à la rassurer par une fausse douceur. Elle reconnaît le Portrait de son Epoux, que porte le Sauvage, & le conjure de le lui rendre ; il y consent, à condition qu'elle le suivra : elle le repousse avec horreur, lui arrache le bracelet, & cherche à se sauver : mais il la poursuit, l'atteint & l'enléve.

L'Epouse du Chef des Sauvages arrive, arrache de ses bras Mirsa, presque morte ; la jeune personne reprend ses sens, & remercie le Sauvage qui favorife fon évafion. Son Epoux fait éclater un violent dépit, infenfible à fes tendres reproches, ainfi qu'à l'amour qu'elle lui témoigne, il lui commande de fuir fa préfence : elle ne peut s'y réfoudre, & femble défirer qu'un faible retour la mette dans le cas de pardonner l'injure qu'il vient de lui faire ; loin d'être touché de fa tendreffe, il la rebute & lui jure qu'il l'abandonne pour toujours ; la malheureufe Epoufe au dernier défefpoir, prend une flêche, tend fon arc, & veut percer l'ingrat qui l'outrage ; mais fon cœur retient le trait, elle préfere la mort à la vengeance, & dirige l'arme contre fon fein.

Le Chef des Sauvages ne pouvant réfifter à cette marque d'amour, revole à fon Epoufe, & lui arrache le trait fatal ; elle le regarde tendrement, & l'affure que ce n'eft que pour lui qu'elle chérit la vie. Il la ferre entre fes bras, en lui demandant un pardon qu'il ob-

tient fans peine. Au même inftant plufieurs Sauvages accourent avertir leur
Chef qu'ils font pourfuivis par les Chaffeurs, il s'arrache des bras de fa moi-
tié, s'empreffe de déterrer la hache,
raffemble fes fujets, & court fe retran-
cher avec eux.

Lindor fuivi de tout fon monde,
pourfuit les Sauvages. Le combat s'engage, Lindor ordonne à fa troupe de
mettre la bayonnette au bout du fufil,
tire fon couteau de chaffe, & attaque
le Chef des Sauvages ; ils fe battent
avec acharnement ; mais l'Américain
plus robufte, défarme Lindor, le fai-
fit, & va le frapper avec fa hache,
lorfque Mirfa & fes Compagnes vo-
lent, fe jettent entre eux : cependant
les Français qui viennent de mettre les
Sauvages en fuite, enveloppent leur
Chef, l'arrêtent & l'entraînent aux
chaloupes.

La femme du Sauvage accourt, cherche par tout fon Epoux, vole fur la

cime de la montagne , & l'apperçoit fur une barque au milieu de Soldats, ne doutant plus de fon malheur, elle fe livre au défefpoir le plus grand, & fe précipite du haut du rocher dans l'eau, & gagne le Port à la nâge.

ACTE III.

La Théâtre repréfente la Place d'Armes de la Ville ; on voit dans le fond le Gouvernement, & une Prifon fur la droite.

LEs Troupes Françoifes avancent en ordre, défilent, & fe placent fur deux lignes ; Mondor vient les paffer en revue, & donne l'ordre ; fa fille, fon gendre & tous les Chaffeurs paroiffent, fuivis du Sauvage : Mirfa fait part à fon pere de l'aventure qui leur eft arrivée, & elle paffe dans le Gouvernement avec fon époux & leur compagnie, on

charge de fers le Sauvage & on le con-
duit en prison par l'ordre du Gouverneur qui se retire dans son Palais avec
l'État major pour juger le Sauvage.

L'épouse du Chef des Sauvage accourt les cheveux épars, & tombe acca-
blée de fatigue aux pieds de son époux
qu'elle voudroit arracher des mains des
Gardes : ses sanglots & ses larmes pei-
gnent son désespoir : elle s'enchaîne à
son époux, & le suit en prison.

Le Major sort du Gouvernement
avec la sentence du Sauvage : on dresse
par son ordre un Bûcher, & le Major
entre dans la prison.

La Sauvage qui vient d'apprendre le
sort de son époux, sort de la prison.
Elle est dans le dernier désespoir ; elle
veut entrer dans le Gouvernement, la
sentinelle l'en empêche, furieuse elle
revient pour s'élancer sur le Bûcher,
où son époux vient de se placer ; il la
reçoit dans ses bras : au même instant
Mondor revient avec l'État major ; il

ordonne qu'on arrache la Sauvage du Bûcher, & qu'on y mette le feu. Déjà on exécute les ordres, lorſque Mirſa paroit avec ſa mere & Lindor. Elle reconnoit ſa bienfaitrice, s'élance au Bûcher, arrête ceux qui ſont prêts à y mettre les flâmes, & revient ſe jetter aux pieds de ſon pere dont elle implore la pitié pour ces malheureuſes victimes. Elle apprend à ſon pere qu'elle doit tout à cette femme Sauvage qui ſe jette à ſes pieds preſque morte. Mondor eſt ému : il fait grace aux deux époux, & l'on renverſe le Bûcher.

Plain d'admiration du procédé généreux de Mondor, le Sauvage lui prend la main, la poſe ſur ſa tête, & met à ſes pieds l'ornement de ſa dignité ; il l'engage enſuite à venir prendre poſſeſſion de ſon Iſle qu'il va lui ſoumettre à jamais : Mondor conſent à l'y ſuivre.

Le Chef des Sauvages part avec Mondor qu'une partie des Troupes eſcorte, tandis que Mirſa rentre dans le

Gouvernement avec la femme Sauvage
& ses compagnes.

ACTE IV.

Le Théâtre représente un Jardin.

MOndor paroit suivi du Chef des
Sauvages & d'une troupe de Sauvages
des deux sexes, qu'il fait placer pour
prendre part à la Fête ; il range les
Musiciens auprès de l'appartement de
Mirsa , & il ordonne que la Fête
commence.

On tire des coups de canon aux sons
des instrumens militaire , & l'on exécute une Symphonie à grand Orches-
tre. Ensuite Mondor paroit conduisant
sa fille , & accompagné de son épouse,
de Lindor & des Personnes invitées.
Mirsa superbement parée fait connaître
à son pere les sentimens que lui inspi-
rent toutes ses attentions. On vient lui

préfenter un Bouquet , un Collier &
une Guirlande de diamants que l'on
ajoute à fa parure.

Il fe forme une tente fous laquelle
parait une Table de vingt couverts. Les
Convives fe placent , & le Siege de
Mirfa eft marqué par un Baldaquin.
La Mufique exécute le Chœur fuivant :

Pour Mirfa tout ici s'empreffe ,
Elle embellit cet univers :
    A nos concerts
Que l'amitié l'intéreffe ,
Que fon nom répété fans ceffe
Soit l'ornement de nos vers !

Le tendre amour fur fes traces
Pour l'admirer eft fans ceffe arrêté ;
  Il croit voir le portrait des Graces ,
  Mais il le trouve un peu flatté.

Heureux celui qu'elle préfere :
L'amour n'a point de nœuds plus beaux,
Mais puifqu'un feul a fu lui plaire ,
Que la douce amitié confole fes rivaux.

[14]

*(On danse tandis que Mondor remet
les Couplets suivants que l'on chante
alternativement avec le Chœur.)*

Air : *Des Triolets.*

De Mirsa c'est la Fète :
Les myrtes qu'on apprête
Pour couronner sa tête,
L'amour les assembla.
Sa main les placera,
Quand on fête Mirsa,
C'est toujours lui qu'on fête.

Un jour qu'à sa propre gloire
Il pensa,
Voici le plan de victoire
Qu'il traça,
Il prit conseil à Cythere,
De sa mere,
Et pour créer l'art de plaire :
Fit Mirsa.

Il la prit pour son éleve,
Son orgueil en fut flatté,
Dans Mirsa l'esprit acheve

Le charme de la beauté.
Aimable & fincere
Par caractere,
Elle fait de plaire
Sa moindre affaire,
Jamais fon cœur ne differe
S'il faut faire
Des heureux.
Quel Spectacle pour un pere !
Pour l'objet de fes vœux ,
Chacun a fon cœur & fes yeux ,

Un tendre pere
Revit dans fes enfans ,
Leur gloire eft chere ,
Et nous rend nos beaux ans ,
C'eft le falaire
Des foins les plus touchants ;
On fête un pere
En fêtant fes enfans.

Le dernier Couplet attendrit telle-
ment Mirfa, qu'elle fe leve avec tranf-
port, & fe jette dans les bras de fon pere
qui la ferre étroitement en s'attendrif-
fant comme elle.

La tente fait place à un Théâtre ri-
chement décoré , fur lequel on repréfente l'Acte fuivant.

ÉMILIE

ÉMILIE,

COMÉDIE EN UN ACTE.

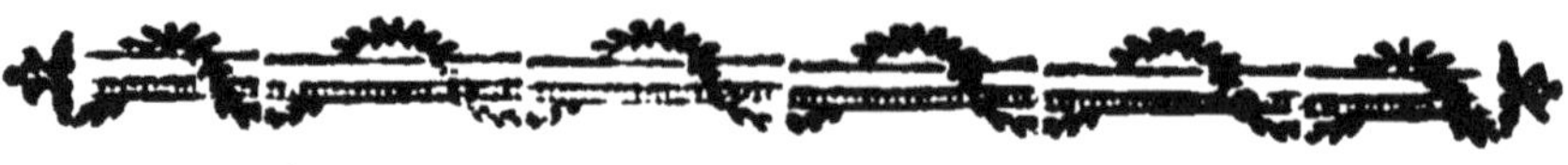

ACTEURS.

BAINVAL, *Seigneur François retiré en Turquie*,   M. Cheron.

ALY, *Chef du Serrail de* BAINVAL,   M. Rousseau.

EMILIE, *jeune Esclave, fille de* BAINVAL,   Mlle St Huberty.

ORPHISE, *Esclave, Femme de* BAINVAL,   Mlle Châteauvieux.

DORVILLE, *Esclave, Amant d'*EMILIE,   M. Lainé.

FEMMES *Esclaves*,   } Mlles   Girardin, l. Audinot.

La Scéne est à Constantinople, dans la maison de BAINVAL.

PERSONNAGES DANSANTS.

FEMMES *Esclaves..*

Mlle CECILE.

Mlles Muller, Thiste, Villette, Prud'homme, Darcy, Dorigé, le Grand, de l'Isle.

ÉMILIE,
COMÉDIE EN UN ACTE

Le Théâtre représente un Sallon ma-
gnifiquement orné.

SCÊNE PREMIERE.

BAINVAL, ALY *occupé a ranger le Sallon.*

BAINVAL.	ALY.
C'est ici que je vais la voir,	Mon maître à ce que puis voir
Que d'attraits ! Dieu ! qu'elle est belle !	Aime cette Esclave nouvelle ,
Tout ici s'embellit par elle ,	Que de dépense on fait pour elle ,
L'Amour va combler mon espoir.	Que d'apprêts pour la recevoir !

BAINVAL.
Tout est-il préparé pour elle ?

Bij

 milie ,

A L Y.

Vous ferés content de mon zèle.

B A I N V A L.

As-tu pris foin de lui choifir
Les efclaves les plus jolies ?

A L Y.

Vingt beautés doivent la fervir,
Moi-même je les ai choifies.

E N S E M B L E.

C'eft ici que je vais la voir , &c.	Mon maître à ce que je puis voir , &c.

A L Y.

Et ce Sallon, vous en avés , je penfe,
Encor peu vu qui l'égalàt ?

B A I N V A L,

Va, malgré fa magnificence,
Les charmes d'Emilie en terniront l'éclat.

A L Y.

M'eft-il permis , Seigneur, de vous ouvrir
mon ame ?

B A I N V A L.

Parle.

A L Y.

Depuis quinze ans que je vous fers ici,
Parmi tant de beautés qui briguent votre
  flâme ,
Et dont votre Sérail par mes foins eft rempli,
Aucune encore n'avait paru vous plaire.
Par quel charme étonnant cette jeune étran-
  gere
    A-t-elle pu fitôt vous enflammer!
    Que trouvés-vous...

B A I N V A L.

              Elle eft Françaife,
Et tu peux t'étonner, Aly, qu'elle me plaife?
    Cet heureux don de tout charmer,
    Chés les Françaifes prit naiffance,
On eft belle par tout, par-tout on fait aimer,
    Mais on ne fait plaire qu'en France,
    Tu fais que j'y reçus le jour,
Un jeune objet m'y plut, au fortir de l'en-
  fance ;
    C'eft-là que je connus l'Amour !
J'aimais , j'étais aimé, l'on nous unit enfem-
  ble.
Arraché de fes bras par un fort inhumain,

Je vins cacher ici mon malheureux deſtin ;
       Cette jeune Etrangere enfin ,
       A je ne ſais quoi qui reſſemble
Au vertueux objet dont mon cœur fut épris
A ſon premier aſpect interdit & ſurpris ,
Je me crus animé par une ame nouvelle ,
Je ſentis que mon cœur m'entraînoit auprès
   d'elle.

       Un ſeul inſtant a vaincu mon orgueil ;
       J'ai reconnu cette premiere flâme ,
       Que , ſans effort , & qu'au premier coup
          d'œil ,
       La tendre Orphiſe alluma dans mon ame.
       Elle a ſes traits , ſa modeſte douceur ,
       J'ai cru la voir , j'ai cru la reconnoître ,
       Dans ſes regards j'ai pris un nouvel être ;
       Je lui dois tout , elle me rend un cœur.

A L Y.

   Après une pareille ardeur
Je ne ſuis plus ſurpris de ce qu'on fait pour
   elle.

B A I N V A L.

Mais ce jeune Etranger , compagnon de ſon
   ſort ?

A L Y.

On les a pris enfemble ; une femme encor belle
   Defcendit avec eux au Port.
Je fais que d'Emilie on la difoit la mere,
   Elle eft paffée en d'autres mains.

B A I N V A L.

   Je fors, fais entrer l'Etrangere,
Je lui viendrai tantôt expliquer mes deffeins.
   Je veux avant de paraître
   Que les dons qu'on lui doit offrir
En ma faveur la puiffent prévenir,
Qu'elle ignore, & le rang, & le nom de fon maître.
En devroit-on avoir, avec autant d'attraits?
   Elle eft belle, & je fuis Français,
   Je ne dois pas prétendre à l'être.

(Il fort.)

SCÈNE II.

ALY, EMILIE, *Troupe d'*Esclaves *vêtues magnifiquement, quelques-unes portent des corbeilles remplies de présents pour* Emilie.

ALY, à Emilie.

CE Palais est à vous, vous saurés l'embellir,
Mon maître vous en fait hommage.

EMILIE.

Quelque brillant que soit le joug de l'esclavage,
Il n'est pas moins dur à subir.
(On danse.)

CHŒUR D'ESCLAVES.

Que les plaisirs sechent vos larmes,
L'Amour vous remet son pouvoir ;
Tout dans ces lieux est soumis à vos charmes,
Et vous donnés des fers aulieu d'en recevoir.
(On danse & l'on offre des présens.)

UNE CORIPHE'E.

Commandés belle Emilie,
Nous reconnoiſſons vos loix;
Quand on obéit par choix,
On obéit ſans envie.
Sur un droit bien mérité,
Votre empire ici ſe fonde
Dans tous les pays du monde
On doit ſervir la beauté.

(On danſe.)

EMILIE, *aux Femmes du Serrail.*

De l'hommage flateur que l'on daigne me
rendre,
Mon cœur à lieu d'être ſurpris,
Si c'eſt à la beauté qu'on donne ici le prix.
Vous avés plus que moi de droits pour y
prétendre.

(Elles ſortent.)

ALY.

Mon maître va bientôt ſe montrer à vos
yeux.

(Il ſort.)

SCÉNE III.

E M I L I E , feule.

Par tout ce vain éclat, penfe-t-on me fé-
duire ?
   Il rend mon fort bien plus affreux ;
Il me dit trop d'un maître, & l'efpoir & les
   vœux.
      Faut-il que tout confpire
      A faire mon tourment ?
      Quel rigoureux martyre !
J'ai tout perdu, ma mere & mon amant.
Dorville ? que fais-tu, loin de ton Emilie ?
Hélas ! elle touchait au fortuné moment,
   Où pour jamais elle allait t'être unie.

SCÊNE IV.

EMILIE, DORVILLE.

EMILIE.

J'Entends du bruit, je tremble... Ciel !
c'eſt lui !
Dorville ! ah ! juſqu'ici, quel Dieu t'a pu
conduire.

DORVILLE.

L'Amour ; il ſera notre appui.

EMILIE.

Ah fuis plûtôt ! quel eſpoir peut te luire ?
Si l'on te trouve ici, c'en eſt fait de tes jours.

DORVILLE.

Puiſque je t'ai perdue,
Je ne veux qu'en finir le cours ;
Mais je ne mourrai pas du moins ſans t'avoir
vûe.

EMILIE.

Ah ! Dorville !

DORVILLE.

Emilie !

Émilie,

EMILIE.

Il faut donc nous quitter.

DORVILLE.

Nous quitter! quel arrêt! peux-tu l'exécuter?

EMILIE.

Ah! ne crois pas qu'Emilie
Puisse vivre loin de toi,

DORVILLE.

Tu dois conserver ta vie.
Eh! n'est-elle pas à moi?

EMILIE.

Elle est affreuse sans toi.

DORVILLE.

Mais tu souffriras pour moi.

ENSEMBLE.

Grand Dieu! quelle barbarie?
Quel sort! quelle affreuse loi!

EMILIE.

Je veux tout découvrir à ce superbe maître.

DORVILLE.

Non, cet aveu t'exposerait peut-être.

EMILIE.

Il n'importe.

DORVILLE.

Ah! je n'y puis consentir,
Epargne à ton amant un cruel repentir.

SCÊNE V.

EMILIE, DORVILLE, BAINVAL, ALY.

BAINVAL.

UN Esclave auprès d'Emilie!
(*à* DORVILLE.)
Malheureux! sais-tu bien qu'il y va de ta vie?

EMILIE.

O Ciel!

BAINVAL.

Réponds; qui t'amene en ce lieu?

DORVILLE.

Je lui disais un éternel adieu.

 Émilie,

BAINVAL.

Je saurai te punir (*à Alv.*) holà !

EMILIE, *effrayée.*

Qu'allés vous faire !

BAINVAL.

Me venger.

EMILIE.

Arrêtés, Seigneur, il est mon frere.
(*à part.*)
Quelle imposture, ô Ciel ! ! mais elle est né-
cessaire.

BAINVAL.

Pourriés - vous me tromper ! non, je ne le
crois pas ;
Vous ne pouvés descendre à des détours si
bas,
Votre ame naïve & pure
Se refléchit sur vos traits
Sans fard & sans imposture
Elle est comme vos attraits.

(*à Dorville qui s'éloigne,*)
Que faites-vous ?

DORVILLE.

Seigneur, je me retire,
Je craindrais...

BAINVAL.

Non, reftés, ce que je vais lui dire
Ne pourra que plaire à tous deux.

DORVILLE, *à part.*

Va-t-il me faire, ô Ciel ! confident de fes
feux ?

BAINVAL, à Emilie.

Je prétends combler tous vos vœux.

EMILIE.

Ah ! mon plus grand bonheur ferait de voir
ma mere
De tous les dons que vous pouriés me faire
Ce ferait le plus cher & le plus précieux.

BAINVAL.

Eh bien ! vous ferés obéie,
Faire votre bonheur, eft ma plus chere envie.

(à ALY.)

Allés ! à quelque prix qu'on mette fa rançon,
Vous aurés foin d'y fatisfaire.

EMILIE.

Ah ! Seigneur !

BAINVAL.

J'ose encor y joindre un autre don.

DORVILE, *à part.*

Je tremble.

BAINVAL.

Heureux s'il peut vous plaire.

EMILIE.

Est - ce la liberté ? c'est le plus cher de tous.

BAINVAL.

Je perds la mienne sans me plaindre,
Puisqu'enfin je la perds pour vous.

EMILIE.

Seigneur,.... il est si dur de feindre,
Mes pleurs coulent encor quand je veux les
cacher.
Je perds tout ce qui me fut cher,
A peine encor ai-je pu me connaître,
Un seul jour vient de m'arracher
A mes parents, aux lieux qui m'ont vu
naître.

BAINVAL.

La Patrie est partout, où l'on peut vivre
heureux.

EMILIE.

EMILIE.

Hélas !

BAINVAL.

On le ferait avec vous en tous lieux ;
Vous ne pouvez manquer de l'être.

DORVILLE, bas à EMILIE.

Ah ! crains de te trahir !

BAINVAL.

Diffipés votre effroi ,
On va vous rendre votre mere ,
Avés vous d'autres vœux à faire ?
Tous vos défirs feront des loix pour moi.

EMILIE.

Seigneur , & comment fe reconnaître ,
Des foins fi généreux & fi peu mérités ,
Comment répondre à vos bontés ,
Je ne fuis qu'une efclave , & vous étes mon
maître.

BAINVAL.

Moi, votre maître ! ah ! ne le croyés pas ,
Malgré les loix de ces climats ,
De votre fort , du mien , mon cœur vous
fait l'arbitre ;
Je prétends par un plus beau titre.

 Émilie,

EMILIE.

Oh Dieux !

BAINVAL.

Eh quoi !

EMILIE.

Seigneur....

BAINVAL.

Vous vous troublés ?

DORVILLE, *bas à* EMILIE.

Que vas tu faire ?

EMILIE.

Il faut... je ne puis.

BAINVAL.

Ah ! parlés.

EMILIE.

Seigneur, dès l'âge le plus tendre
J'avois perdu mon pere, il disparut du
moins,
Depuis ce temps, malgré ses soins,
Ma mere n'en put rien apprendre.

BAINVAL.

(*à part.*)
Juste ciel ! quel rapport ! Et que viens-je
d'entendre ?
Mais éloignons une trop douce erreur.
(*haut.*)
Eh bien !

EMILIE.

Ma mere alors fit choix d'un gendre.
On lui promit ma main… & j'y joignis mon
mon cœur.

DORVILLE, *(à part.)*

O Ciel !

BAINVAL.

Et cet hymen ?

EMILIE.

Seigneur, pour le conclure ;
Nous retournions en France.

BAINVAL.

Ah ! mon cœur se raffûre,
Puifque rien n'eft conclu, tout peut fe ré-
parer.

DORVILLE, *(à part.)*

Dieux ! que va-t-il lui dire ?

BAINVAL.

Ecoutés, Emilie.
Il faut… non, rien de vous ne peut me fé-
parer,
Ce nouveau fentiment m'eft plus cher que
la vie,

Je puis vous rendre tout , mere, parents,
  patrie.
Mais il faut qu'à son tour votre cœur sacrifie.....

EMILIE.

Ah ! que demandés-vous ?

BAINVAL.

   Quoi, vous balanceriés !
  Ce que je demande à vos pieds ,
Ignorés-vous...

EMILIE, vivement.

  Je sais que vous êtes mon maître ;
Je connais mes malheurs & tout votre pouvoir,
Mais dépend-t-il de moi de changer tout mon
  être.

BAINVAL.

A mon autorité je ne veux rien devoir ;
  Mais que du moins la raison vous éclaire,
Votre intérêt, celui d'une mere & d'un frere,
Tout de n'y plus penser vous impose la loi.
 (à DORVILLE.)
Je m'en rapporte à vous, jugés entre elle &
  moi.

DORVILLE.

Qui ? moi Seigneur.

BAINVAL.

De cette chaîne,
Elle, ni vous, n'aurés point à rougir;
C'est par un nœud sacré que je veux lui te-
nir,
Quand je m'expliquerai, vous me croirés
sans peine.

DORVILLE.

Je crois...

BAINVAL.

Refusés-vous d'appuyer mes projets ?
Ce rival que je veux que son cœur sacrifie,
Eloigné, sans espoir de revoir ses attrais,
Se console sans doute, & peut-être l'oublie.

DORVILLE, *avec feu.*

Vous le connoissez mal : l'oublier ! lui ! jamais.

BAINVAL.

Que dites-vous ?

DORVILLE, *troublé.*

Seigneur...

EMILIE, *à part.*

Ma frayeur est extrême.

BAINVAL, *à* DORVILLE.

Vous vous êtes trahi, ce rival, c'eſt vous-
même.

DORVILLE.

Moi !

BAINVAL.

Vous.

DORVILLE.

Eh bien ! oui, je le ſuis.
Ne puniſſés que moi d'une feinte innocente.
Frappés , terminés mes ennuis ,
Mais épargnés du moins une trop foible
Amante.

BAINVAL.

Je ſaurai vous punir.
Laiſſés - moi.

EMILIE.

Non, Seigneur.

BAINVAL.

Vous! ô ciel! Emilie!
Vous m'avez pu tromper !

EMILIE.

Ah! que j'en ſois punie,

Si j'ai craint pour ses jours, si j'ai pu vous trahir,
    Dorville en est-il responsable ?

B A I N V A L.

Qui ? lui !

D O R V I L L E.

    Je suis le seul coupable ;
La peine m'en est due, & je dois la subir.

DORVILLE.	*EMILIE.*
Sauvés ce que j'adore,	Sauvés ce que j'adore,
Son crime est de m'aimer,	Son crime est de m'aimer,
Le trépas que j'implore,	Le trépas que j'implore,
Seigneur, doit vous calmer.	Seigneur, doit vous calmer.

S C Ê N E   V I.

BAINVAL , EMILIE , DORVILLE , ALY,

A L Y.

Ⓞn va vous amener la mere d'Emilie.

B A I N V A L.

(*à* A L Y.)   (*à* E M I L I E.)

Attendés.   Votre cœur eſt encore indécis.
Votre mere à jamais va vous être ravie,
Ou vous reconnaîtrés tous les ſoins que j'ai
  pris.

E M I L I E.

Ciel !

B A I N V A L.

Prononcés.

D O R V I L L E , *à part:*

O rigueur inouie !

EMILIE.

Ah !... qu'elle entre, Seigneur, il n'importe
à quel prix.

SCÈNE DERNIERE.

BAINVAL, EMILIE, DORVILLE, ORPHISE

EMILIE, se jettant dans les bras de sa mere ; DORVILLE la suit.

Ma mere !

ORPHISE.

Mes enfans ! est-ce vous que j'embrasse ?

BAINVAL, *à part.*

Quels traits ! quel son de voix !

DORVILLE, à ORPHISE.

Je vous embrasse, hélas ! pour la derniere fois.

EMILIE.

Unissés - vous à nous pour obtenir sa grace.

ORPHISE.

Sa grace... Eh! que puis-je ?

(se jettant aux genoux de BAINVAL.)

Seigneur...

B A I N V A L.

Ah ! levés-vous ! *(à part.)* fa voix a pénétré
mon cœur.

*ORPHISE fixant BAINVAL avec la plus
grande émotion.*

Je ne fais où j'en fuis, & mon ame égarée...

B A I N V A L, *vivement.*

Eclaircifsés le trouble où la mienne eft livrée.
Répondés .. qui donc êtes-vous ?

O R P H I S E.

Seigneur, j'eus un époux,
Hélas ! je m'en crus adorée ;
Cet enfant malheureux cimenta notre amour.
Mais fon pere auffitòt s'éloigna fans retour.

B A I N V A L, *très-ému.*

Eh bien ?

O R P H I S E.

On affûrait que dans cette contrée,
Sous un nom different... vous femblés
éperdu.

B A I N V A L.

Il fe nommoit...

O R P H I S E.

Bainval.

44   *Émilie,*

B A I N V A L.

Ah ! tout eſt reconnu.
Emilie eſt ma fille , & vous êtes Orphiſe.

E M I L I E.

Se peut-il ?

O R P H I S E.

Ah ! ma fille , embraſſés ſes genoux.

D O R V I L L E.

Ah ! ciel ! quelle heureuſe ſurpriſe !

E M I L I E.

Mon pere !

B A I N V A L.

De quel feu mon ame fut épriſe !...
Orphiſe me rendra ce que je perds en vous.

E M I L I E.

Je retrouve en un jour & mon pere & ma
    mere ,
        Ciel ! que de bienfaits à la fois !

B A I N V A L.

Pour ajouter aux dons que le ciel veut vous
    faire ,

Je vous rends à l'époux dont Orphise a fait choix.

DORVILLE se jette aux genoux de BAINVAL, puis d'EMILIE.

Ah ! Seigneur !.. Emilie !..

EMILIE.

O moment plein de charmes ! Dorville !

BAINVAL.

Orphise !

ORPHISE.

Cher époux !

ENSEMBLE.

Nous goûtons le fort le plus doux,
Un moment a tari nos larmes ;
Après de fi vives alarmes,
Quel bonheur fe répand fur nous !

Le Théâtre difparait & laiffe voir les Jardins décorés de chiffres, de luftres & d'ornemens de toute efpece ; au fond eft la façade du Gouvernement illuminée.

Le Bal commence par une Contredanse, après laquelle Mirsa danse avec Lindor.

On entend une Marche, plusieurs Quadrilles s'avancent, font le tour de la Salle, présentent des Bouquets à Mirsa, & dansent des Pas analogues à leur costume ; Mondor exécute *la Mariée* avec sa femme, les Sauvages, le bel Air de Rameau, & le Bal se termine par une Contredanse générale.

F I N.

APPROBATION.

J'AI lu par ordre de Monseigneur le Garde des Sceaux, le Programme de la *FESTE DE MIRSA*, Ballet-Pantomime, dont on peut permettre l'impression. A Paris, ce 21 Février 1781.

BRET.